TRANZLATY

Language is for everyone

Езикът е за всички

The Little Mermaid

Малката русалка

Hans Christian Andersen

English / Български

Copyright © 2023 Tranzlaty
All rights reserved.
Published by Tranzlaty
ISBN: 978-1-83566-948-8
Original text by Hans Christian Andersen
Den Lille Havfrue
First published in Danish in 1837
www.tranzlaty.com

The Sea King's Palace
Дворецът на морския крал

Far out in the ocean, where the water is blue
Далеч в океана, където водата е синя
here the water is as blue as the prettiest cornflower
тук водата е синя като най-хубавата метличина
and the water is as clear as the purest crystal
и водата е чиста като най-чист кристал
this water, far out in the ocean is very, very deep
тази вода, далеч в океана, е много, много дълбока
water so deep, indeed, that no cable could reach the bottom
вода наистина толкова дълбока, че нито един кабел не можеше да стигне дъното
you could pile many church steeples upon each other
можете да натрупате много църковни камбанарии една върху друга
but all the churches could not reach the surface of the water
но всички църкви не можаха да достигнат повърхността на водата
There dwell the Sea King and his subjects
Там живеят морският крал и неговите поданици
you might think it is just bare yellow sand at the bottom
може да си помислите, че това е просто гол жълт пясък на дъното
but we must not imagine that there is nothing there
но не трябва да си въобразяваме, че там няма нищо
on this sand grow the strangest flowers and plants
на този пясък растат най-странните цветя и растения
and you can't imagine how pliant the leaves and stems are
и не можете да си представите колко гъвкави са листата и стъблата
the slightest agitation of the water causes the leaves to stir
най-малкото раздвижване на водата предизвиква раздвижване на листата
it is as if each leaf had a life of its own

сякаш всяко листо има свой собствен живот
Fishes, both large and small, glide between the branches
Между клоните се плъзгат големи и малки риби
just like when birds fly among the trees here upon land
точно както когато птиците летят между дърветата тук на сушата

In the deepest spot of all stands a beautiful castle
В най-дълбокото място от всички стои красив замък
this beautiful castle is the castle of the Sea King
този красив замък е замъкът на морския крал
the walls of the castle are built of coral
стените на замъка са изградени от корали
and the long Gothic windows are of the clearest amber
а дългите готически прозорци са от най-чист кехлибар
The roof of the castle is formed of sea shells
Покривът на замъка е оформен от морски миди
and the shells open and close as the water flows over them
и черупките се отварят и затварят, докато водата тече върху тях
Their appearance is more beautiful than can be described
Външният им вид е по-красив, отколкото може да се опише
within each shell there lies a glittering pearl
във всяка мида има блестяща перла
and each pearl would be fit for the diadem of a queen
и всяка перла би била подходяща за диадемата на царица

The Sea King had been a widower for many years
Морският крал беше вдовец от много години
and his aged mother looked after the household for him
а възрастната му майка се грижеше за домакинството вместо него
She was a very sensible woman
Тя беше много разумна жена
but she was exceedingly proud of her royal birth

но тя беше изключително горда с кралския си произход
and on that account she wore twelve oysters on her tail
и поради това тя носеше дванадесет стриди на опашката си

others of high rank were only allowed to wear six oysters
други с висок ранг имаха право да носят само шест стриди
She was, however, deserving of very great praise
Тя обаче заслужаваше много голяма похвала
there was something she especially deserved praise for
имаше нещо, за което тя особено заслужаваше похвала
she took great care of the little sea princesses
тя се грижеше много за малките морски принцеси
she had six granddaughters that she loved
тя имаше шест внучки, които обичаше
all the sea princesses were beautiful children
всички морски принцеси бяха красиви деца
but the youngest sea princess was the prettiest of them
но най-младата морска принцеса беше най-красивата от тях
Her skin was as clear and delicate as a rose leaf
Кожата й беше чиста и нежна като розов лист
and her eyes were as blue as the deepest sea
и очите й бяха сини като най-дълбокото море
but, like all the others, she had no feet
но, както всички останали, тя нямаше крака
and at the end of her body was a fish's tail
и в края на тялото й имаше опашка на риба

All day long they played in the great halls of the castle
По цял ден играеха в големите зали на замъка
out of the walls of the castle grew beautiful flowers
от стените на замъка растяха красиви цветя
and she loved to play among the living flowers
и обичаше да си играе сред живите цветя
The large amber windows were open, and the fish swam in

Големите кехлибарени прозорци бяха отворени и рибите плуваха вътре
it is just like when we leave the windows open
това е точно както когато оставим прозорците отворени
and then the pretty swallows fly into our houses
и тогава красивите лястовици долитат в къщите ни
only the fishes swam up to the princesses
само рибите доплуваха до принцесите
they were the only ones that ate out of her hands
те бяха единствените, които ядяха от ръцете й
and they allowed themselves to be stroked by her
и те се оставиха да бъдат галени от нея

Outside the castle there was a beautiful garden
Извън замъка имаше красива градина
in the garden grew bright-red and dark-blue flowers
в градината растяха яркочервени и тъмносини цветя
and there grew blossoms like flames of fire
и там израснаха цветове като огнени пламъци
the fruit on the plants glittered like gold
плодовете на растенията блестяха като злато
and the leaves and stems continually waved to and fro
и листата и стъблата непрекъснато се люлееха насам-натам
The earth on the ground was the finest sand
Земята на земята беше най-фин пясък
but this sand does not have the colour of the sand we know
но този пясък няма цвета на пясъка, който познаваме
this sand is as blue as the flame of burning sulphur
този пясък е син като пламъка на горяща сяра
Over everything lay a peculiar blue radiance
Над всичко лежеше някакво особено синьо сияние
it is as if the blue sky were everywhere
сякаш синьото небе е навсякъде
the blue of the sky was above and below
синьото на небето беше отгоре и отдолу

In calm weather the sun could be seen
При тихо време слънцето се виждаше
from here the sun looked like a reddish-purple flower
оттук слънцето изглеждаше като червеникаво-лилаво цвете
and the light streamed from the calyx of the flower
и светлината струеше от чашката на цветето

the palace garden was divided into several parts
градината на двореца била разделена на няколко части
Each of the princesses had their own little plot of ground
Всяка от принцесите имаше свой собствен малък парцел
on this plot they could plant whatever flowers they pleased
на този парцел те можеха да засадят каквито цветя пожелаят
one princess arranged her flower bed in the form of a whale
една принцеса подреди цветната си леха под формата на кит
one princess arranged her flowers like a little mermaid
една принцеса подреди цветята си като малка русалка
and the youngest child made her garden round, like the sun
и най-малкото дете направи градината й кръгла като слънцето
and in her garden grew beautiful red flowers
и в градината й растяха красиви червени цветя
these flowers were as red as the rays of the sunset
тези цветя бяха червени като лъчите на залеза

She was a strange child; quiet and thoughtful
Тя беше странно дете; тихо и замислено
her sisters showed delight at the wonderful things
сестрите й показаха наслада от прекрасните неща
the things they obtained from the wrecks of vessels
нещата, които са получили от останките на кораби
but she cared only for her pretty red flowers
но тя се грижеше само за красивите си червени цветя

although there was also a beautiful marble statue
въпреки че имаше и красива мраморна статуя
the statue was the representation of a handsome boy
статуята представляваше красиво момче
the boy had been carved out of pure white stone
момчето беше изсечено от чисто бял камък
and the statue had fallen to the bottom of the sea from a wreck
и статуята беше паднала на дъното на морето от корабокрушение
for this marble statue of a boy she cared about too
за тази мраморна статуя на момче, на което тя също държеше

She planted, by the statue, a rose-colored weeping willow
Тя засади до статуята розова плачеща върба
and soon the weeping willow hung its fresh branches over the statue
и скоро плачещата върба провеси свежите си клони над статуята
the branches almost reached down to the blue sands
клоните почти достигаха до сините пясъци
The shadows of the tree had the color of violet
Сенките на дървото имаха виолетов цвят
and the shadows waved to and fro like the branches
и сенките се поклащаха насам-натам като клони
all of this created the most interesting illusion
всичко това създаде най-интересната илюзия
it was as if the crown of the tree and the roots were playing
сякаш играеха короната на дървото и корените
it looked as if they were trying to kiss each other
изглеждаше така, сякаш се опитваха да се целунат

her greatest pleasure was hearing about the world above
най-голямото й удоволствие беше да слуша за света отгоре
the world above the deep sea she lived in

светът над дълбокото море, в който живееше
She made her old grandmother tell her all about the upper world
Накарала старата си баба да й разкаже всичко за горния свят
the ships and the towns, the people and the animals
корабите и градовете, хората и животните
up there the flowers of the land had fragrance
там горе цветята на земята благоухаеха
the flowers below the sea had no fragrance
цветята под морето нямаха аромат
up there the trees of the forest were green
там горските дървета бяха зелени
and the fishes in the trees could sing beautifully
и рибите в дърветата можеха да пеят красиво
up there it was a pleasure to listen to the fish
там горе беше удоволствие да слушам рибата
her grandmother called the birds fishes
нейната баба нарече птиците риби
else the little mermaid would not have understood
иначе малката русалка нямаше да разбере
because the little mermaid had never seen birds
защото малката русалка никога не е виждала птици

her grandmother told her about the rites of mermaids
баба й разказала за обредите на русалките
"one day you will reach your fifteenth year"
"един ден ще навършиш петнадесет години"
"then you will have permission to go to the surface"
"тогава ще имате разрешение да отидете на повърхността"
"you will be able to sit on the rocks in the moonlight"
"ще можеш да седиш на скалите на лунна светлина"
"and you will see the great ships go sailing by"
"и ще видиш големите кораби да плават"
"Then you will see forests and towns and the people"
„Тогава ще видите гори, градове и хора"

the following year one of the sisters was going to be fifteen
на следващата година една от сестрите щеше да стане на петнадесет
but each sister was a year younger than the other
но всяка сестра беше една година по-млада от другата
the youngest sister was going to have to wait five years before her turn
най-малката сестра ще трябва да чака пет години, преди да дойде редът й
only then could she rise up from the bottom of the ocean
само тогава тя можеше да се издигне от дъното на океана
and only then could she see the earth as we do
и едва тогава тя можеше да види земята като нас
However, each of the sisters made each other a promise
Всяка от сестрите обаче си даде обещание
they were going to tell the others what they had seen
щяха да разкажат на останалите какво са видели
Their grandmother could not tell them enough
Баба им не можеше да им каже достатъчно
there were so many things they wanted to know about
имаше толкова много неща, за които искаха да знаят

the youngest sister longed for her turn the most
най-малката сестра най-много копнееше за нейния ред
but, she had to wait longer than all the others
но тя трябваше да чака по-дълго от всички останали
and she was so quiet and thoughtful about the world
и тя беше толкова тиха и замислена за света
there were many nights where she stood by the open window
имаше много нощи, в които тя стоеше до отворения прозорец
and she looked up through the dark blue water
и тя погледна нагоре през тъмносинята вода
and she watched the fish as they splashed with their fins
и тя наблюдаваше рибите, докато плискаха с перките си

She could see the moon and stars shining faintly
Тя виждаше луната и звездите да блестят слабо
but from deep below the water these things look different
но дълбоко под водата тези неща изглеждат различно
the moon and stars looked larger than they do to our eyes
луната и звездите изглеждаха по-големи, отколкото изглеждат в очите ни
sometimes, something like a black cloud went past
понякога минаваше нещо като черен облак
she knew that it could be a whale swimming over her head
тя знаеше, че може да е кит, който плува над главата й
or it could be a ship, full of human beings
или може да е кораб, пълен с човешки същества
human beings who couldn't imagine what was under them
човешки същества, които не можеха да си представят какво има под тях
a pretty little mermaid holding out her white hands
красива малка русалка, протягаща белите си ръце
a pretty little mermaid reaching towards their ship
красива малка русалка, която се протяга към техния кораб

The Little Mermaid's Sisters
Сестрите на малката русалка

The day came when the eldest mermaid had her fifteenth birthday
Дойде денят, когато най-голямата русалка имаше петнадесетия си рожден ден
now she was allowed to rise to the surface of the ocean
сега й беше позволено да се издигне до повърхността на океана
and that night she swum up to the surface
и тази нощ тя изплува на повърхността
you can imagine all the things she saw up there
можете да си представите всички неща, които е видяла там горе
and you can imagine all the things she had to talk about
и можете да си представите за какви неща е трябвало да говори
But the finest thing, she said, was to lie on a sand bank
Но най-хубавото нещо, каза тя, е да лежиш на пясъчен бряг
in the quiet moonlit sea, near the shore
в тихото лунно море, близо до брега
from there she had gazed at the lights on the land
оттам тя беше гледала светлините на земята
they were the lights of the near-by town
те бяха светлините на близкия град
the lights had twinkled like hundreds of stars
светлините блестяха като стотици звезди
she had listened to the sounds of music from the town
беше слушала звуците на музиката от града
she had heard noise of carriages drawn by their horses
беше чула шум от карети, теглени от техните коне
and she had heard the voices of human beings
и тя беше чула гласове на човешки същества
and the had heard merry pealing of the bells

и бяха чули весело биене на камбаните
the bells ringing in the church steeples
камбаните бият в църковните камбанарии
but she could not go near all these wonderful things
но тя не можеше да се доближи до всички тези прекрасни неща
so she longed for these wonderful things all the more
така че тя копнееше за тези прекрасни неща още повече

you can imagine how eagerly the youngest sister listened
можете да си представите колко нетърпеливо слушаше най-малката сестра
the descriptions of the upper world were like a dream
описанията на горния свят бяха като сън
afterwards she stood at the open window of her room
след това тя стоеше на отворения прозорец на стаята си
and she looked to the surface, through the dark-blue water
и тя погледна към повърхността през тъмносинята вода
she thought of the great city her sister had told her of
помисли си за великия град, за който сестра й й беше разказала
the great city with all its bustle and noise
големият град с цялата му суматоха и шум
she even fancied she could hear the sound of the bells
дори й се стори, че чува звука на камбаните
she imagined the sound of the bells carried to the depths of the sea
тя си представи звука на камбаните, отнесен в морските дълбини

after another year the second sister had her birthday
след още една година втората сестра имаше рожден ден
she too received permission to swim up to the surface
тя също получи разрешение да изплува на повърхността
and from there she could swim about where she pleased
и оттам можеше да плува където си поиска

She had gone to the surface just as the sun was setting
Беше излязла на повърхността точно когато слънцето залязваше
this, she said, was the most beautiful sight of all
това, каза тя, е най-красивата гледка от всички
The whole sky looked like a disk of pure gold
Цялото небе приличаше на диск от чисто злато
and there were violet and rose-colored clouds
и имаше виолетови и розови облаци
they were too beautiful to describe, she said
те бяха твърде красиви, за да се опишат, каза тя
and she said how the clouds drifted across the sky
и тя каза как облаците се носят по небето
and something had flown by more swiftly than the clouds
и нещо беше прелетяло по-бързо от облаците
a large flock of wild swans flew toward the setting sun
голямо ято диви лебеди летеше към залязващото слънце
the swans had been like a long white veil across the sea
лебедите бяха като дълъг бял воал над морето
She had also tried to swim towards the sun
Тя също се беше опитала да плува към слънцето
but some distance away the sun sank into the waves
но на известно разстояние слънцето потъна във вълните
she saw how the rosy tints faded from the clouds
тя видя как розовите нюанси избледняха от облаците
and she saw how the colour had also faded from the sea
и тя видя как цветът също беше избледнял от морето

the next year it was the third sister's turn
на следващата година беше ред на третата сестра
this sister was the most daring of all the sisters
тази сестра беше най-дръзката от всички сестри
she swam up a broad river that emptied into the sea
тя преплува нагоре по широка река, която се влива в морето
On the banks of the river she saw green hills

На брега на реката тя видя зелени хълмове
the green hills were covered with beautiful vines
зелените хълмове бяха покрити с красиви лози
and on the hills there were forests of trees
а по хълмовете имаше гори от дървета
and out of the forests palaces and castles poked out
а от горите стърчаха дворци и замъци
She had heard birds singing in the trees
Беше чула птици да пеят по дърветата
and she had felt the rays of the sun on her skin
и беше усетила слънчевите лъчи върху кожата си
the rays were so strong that she had to dive back
лъчите бяха толкова силни, че тя трябваше да се гмурне обратно
and she cooled her burning face in the cool water
и тя охлади горящото си лице в хладната вода
In a narrow creek she found a group of little children
В една тясна рекичка тя намери група малки деца
they were the first human children she had ever seen
те бяха първите човешки деца, които някога бе виждала
She wanted to play with the children too
Тя също искаше да играе с децата
but the children fled from her in a great fright
но децата избягаха от нея в голям страх
and then a little black animal came to the water
и тогава малко черно животно дойде до водата
it was a dog, but she did not know it was a dog
беше куче, но тя не знаеше, че е куче
because she had never seen a dog before
защото никога преди не беше виждала куче
and the dog barked at the mermaid furiously
и кучето излая яростно русалката
she became frightened and rushed back to the open sea
тя се изплаши и се втурна обратно към откритото море
But she said she should never forget the beautiful forest
Но тя каза, че никога не трябва да забравя красивата гора

the green hills and the pretty children
зелените хълмове и красивите деца
she found it exceptionally funny how they swam
тя намираше за изключително смешно как плуват
because the little human children didn't have tails
защото малките човешки деца нямаха опашки
so with their little legs they kicked the water
така че с малките си крака те ритаха водата

The fourth sister was more timid than the last
Четвъртата сестра беше по-плаха от предишната
She had decided to stay in the midst of the sea
Беше решила да остане насред морето
but she said it was as beautiful there as nearer the land
но тя каза, че там е толкова красиво, колкото и по-близо до земята
from the surface she could see many miles around her
от повърхността тя можеше да види много мили около себе си
the sky above her looked like a bell of glass
небето над нея приличаше на стъклена камбана
and she had seen the ships sail by
и тя беше видяла корабите да плават
but the ships were at a very great distance from her
но корабите бяха на много голямо разстояние от нея
and, with their sails, the ships looked like sea gulls
и с платната си корабите приличаха на морски чайки
she saw how the dolphins played in the waves
тя видя как делфините си играят във вълните
and great whales spouted water from their nostrils
и големите китове бълваха вода от ноздрите си
like a hundred fountains all playing together
като сто фонтана, които играят заедно

The fifth sister's birthday occurred in the winter
Петият рожден ден на сестра се случи през зимата
so she saw things that the others had not seen

така че тя видя неща, които другите не бяха видели
at this time of the year the sea looked green
по това време на годината морето изглеждаше зелено
large icebergs were floating on the green water
големи айсберги плуваха по зелената вода
and each iceberg looked like a pearl, she said
и всеки айсберг изглеждаше като перла, каза тя
but they were larger and loftier than the churches
но те бяха по-големи и по-високи от църквите
and they were of the most interesting shapes
и бяха с най-интересни форми
and each iceberg glittered like diamonds
и всеки айсберг блестеше като диаманти
She had seated herself on one of the icebergs
Беше седнала на един от айсбергите
and she let the wind play with her long hair
и тя остави вятъра да си играе с дългата й коса
She noticed something interesting about the ships
Тя забеляза нещо интересно за корабите
all the ships sailed past the icebergs very rapidly
всички кораби преминаха покрай айсбергите много бързо
and they steered away as far as they could
и те се отдръпнаха доколкото можеха
it was as if they were afraid of the iceberg
сякаш се страхуваха от айсберга
she stayed out at sea into the evening
тя остана в морето до вечерта
the sun went down and dark clouds covered the sky
слънцето залезе и тъмни облаци покриха небето
the thunder rolled across the ocean of icebergs
гръмотевиците се търкаляха през океана от айсберги
and the flashes of lightning glowed red on the icebergs
и светкавиците светеха в червено върху айсбергите
and the icebergs were tossed about by the heaving sea
и айсбергите бяха разхвърляни от надигащото се море
the sails of all the ships were trembling with fear

платната на всички кораби трепереха от страх
and the mermaid sat calmly on the floating iceberg
и русалката седеше спокойно на плаващия айсберг
and she watched the lightning strike into the sea
и тя гледаше как мълнията пада в морето

All of her five older sisters had grown up now
Всичките й пет по-големи сестри вече бяха пораснали
therefore they could go to the surface when they pleased
следователно те можеха да излязат на повърхността, когато пожелаят
at first they were delighted with the surface world
отначало те бяха възхитени от повърхностния свят
they couldn't get enough of the new and beautiful sights
те не можеха да се наситят на новите и красиви гледки
but eventually they all grew indifferent towards the upper world
но в крайна сметка всички станаха безразлични към горния свят
and after a month they didn't visit the surface world much at all anymore
и след един месец те вече изобщо не посещаваха повърхностния свят
they told their sister it was much more beautiful at home
казаха на сестра си, че у дома е много по-красиво

Yet often, in the evening hours, they did go up
Въпреки това често вечерта те се изкачваха
the five sisters twined their arms round each other
петте сестри се прегърнаха
and together, arm in arm, they rose to the surface
и заедно, ръка за ръка, те се издигнаха на повърхността
often they went up when there was a storm approaching
често се качваха, когато наближаваше буря
they feared that the storm might win a ship
страхуваха се, че бурята може да спечели кораб

so they swam to the vessel and sung to the sailors
така те доплуваха до кораба и пееха на моряците
Their voices were more charming than that of any human
Гласовете им бяха по-очарователни от тези на всеки човек
and they begged the voyagers not to fear if they sank
и те помолиха пътешествениците да не се страхуват, ако потънат
because the depths of the sea was full of delights
защото морските дълбини бяха пълни с наслада
But the sailors could not understand their songs
Но моряците не можеха да разберат песните им
and they thought their singing was the sighing of the storm
и мислеха, че пеенето им е въздишка на бурята
therefore their songs were never beautiful to the sailors
затова техните песни никога не са били красиви за моряците
because if the ship sank the men would drown
защото ако корабът потъне, хората ще се удавят
the dead gained nothing from the palace of the Sea King
мъртвите не спечелиха нищо от двореца на морския крал
but their youngest sister was left at the bottom of the sea
но най-малката им сестра остана на дъното на морето
looking up at them, she was ready to cry
гледайки ги, тя беше готова да заплаче
you should know mermaids have no tears that they can cry
трябва да знаете, че русалките нямат сълзи, които да изплачат
so her pain and suffering was more acute than ours
така че нейната болка и страдание бяха по-остри от нашите
"Oh, I wish I was also fifteen years old!" said she
— О, да бях и аз на петнадесет години! каза тя
"I know that I shall love the world up there"
"Знам, че ще обичам света там горе"
"and I shall love all the people who live in that world"
"и ще обичам всички хора, които живеят в този свят"

The Little Mermaid's Birthday
Рожден ден на Малката русалка

but, at last, she too reached her fifteenth birthday
но накрая и тя навърши петнадесет години
"Well, now you are grown up," said her grandmother
„Е, вече си пораснала", каза баба й
"Come, and let me adorn you like your sisters"
"Ела и ми позволи да те украся като сестрите ти"
And she placed a wreath of white lilies in her hair
И тя постави венец от бели лилии в косата си
every petal of the lilies was half a pearl
всяко венчелистче от лилиите беше половин перла
Then, the old lady ordered eight great oysters to come
Тогава старата дама поръча осем големи стриди да дойдат
the oysters attached themselves to the tail of the princess
стридите се прикрепиха към опашката на принцесата
under the sea oysters are used to show your rank
подводните стриди се използват, за да покажат вашия ранг
"But the oysters hurt me so," said the little mermaid
"Но стридите ме нараниха толкова", каза малката русалка
"Yes, I know oysters hurt," replied the old lady
„Да, знам, че стридите вредят", отговори възрастната дама
"but you know very well that pride must suffer pain"
"но ти много добре знаеш, че гордостта трябва да търпи болка"
how gladly she would have shaken off all this grandeur
с каква радост би се отърсила от цялото това величие
she would have loved to lay aside the heavy wreath!
тя би се радвала да остави настрана тежкия венец!
she thought of the red flowers in her own garden
тя се сети за червените цветя в собствената си градина
the red flowers would have suited her much better
червените цветя щяха да й стоят много повече
But she could not change herself into something else

Но тя не можеше да се превърне в нещо друго
so she said farewell to her grandmother and sisters
така тя се сбогува с баба си и сестрите си
and, as lightly as a bubble, she rose to the surface
и лека като балон тя се издигна на повърхността

The sun had just set when she raised her head above the waves
Слънцето тъкмо беше залязло, когато тя вдигна глава над вълните
The clouds were tinted with crimson and gold from the sunset
Облаците бяха оцветени в пурпурно и златно от залеза
and through the glimmering twilight beamed the evening star
и през блещукащия здрач грееше вечерната звезда
The sea was calm, and the sea air was mild and fresh
Морето беше спокойно, а морският въздух мек и свеж
A large ship with three masts lay lay calmly on the water
Голям кораб с три мачти лежеше спокойно на водата
only one sail was set, for not a breeze stirred
само едно платно беше опънато, защото нито бриз не се раздвижи
and the sailors sat idle on deck, or amidst the rigging
и моряците седяха безделни на палубата или сред такелажа
There was music and songs on board of the ship
На борда на кораба имаше музика и песни
as darkness came a hundred colored lanterns were lighted
когато настъпи мрак, светнаха сто цветни фенера
it was as if the flags of all nations waved in the air
сякаш знамената на всички нации се развяваха във въздуха

The little mermaid swam close to the cabin windows
Малката русалка плуваше близо до прозорците на кабината

now and then the waves of the sea lifted her up
от време на време морските вълни я повдигаха
she could look in through the glass window-panes
тя можеше да погледне през стъклата на прозорците
and she could see a number of curiously dressed people
и тя можеше да види множество странно облечени хора
Among the people she could see there was a young prince
Сред хората, които виждаше, имаше млад принц
the prince was the most beautiful of them all
принцът беше най-красивият от всички
she had never seen anyone with such beautiful eyes
никога не беше виждала някой с толкова красиви очи
it was the celebration of his sixteenth birthday
това беше празнуването на неговия шестнадесети рожден ден
The sailors were dancing on the deck of the ship
Моряците танцуваха на палубата на кораба
all cheered when the prince came out of the cabin
всички се развеселиха, когато принцът излезе от каютата
and more than a hundred rockets rose into the air
и повече от сто ракети се издигнаха във въздуха
for some time the fireworks made the sky as bright as day
за известно време фойерверките направиха небето светло като ден
of course our young mermaid had never seen fireworks before
разбира се, нашата млада русалка никога преди не беше виждала фойерверки
startled by all the noise, she went back under the water
стресната от целия шум, тя се върна под водата
but soon she again stretched out her head
но скоро тя отново протегна глава
it was as if all the stars of heaven were falling around her
сякаш всички звезди на небето падаха около нея
splendid fireflies flew up into the blue air
великолепни светулки летяха в синия въздух

and everything was reflected in the clear, calm sea
и всичко се отразяваше в чистото, спокойно море
The ship itself was brightly illuminated by all the light
Самият кораб беше ярко осветен от цялата светлина
she could see all the people and even the smallest rope
тя виждаше всички хора и дори най-малкото въже
How handsome the young prince looked thanking his guests!
Колко красив изглеждаше младият принц, благодарейки на гостите си!
and the music resounded through the clear night air!
и музиката кънтеше в чистия нощен въздух!

the birthday celebrations lasted late into the night
тържествата за рождения ден продължиха до късно през нощта
but the little mermaid could not take her eyes from the ship
но малката русалка не можеше да откъсне очи от кораба
nor could she take her eyes from the beautiful prince
нито можеше да откъсне очи от красивия принц
The colored lanterns had now been extinguished
Цветните фенери вече бяха изгасени
and there were no more rockets that rose into the air
и нямаше повече ракети, които да се издигат във въздуха
the cannon of the ship had also ceased firing
оръдието на кораба също беше спряло да стреля
but now it was the sea that became restless
но сега морето стана неспокойно
a moaning, grumbling sound could be heard beneath the waves
изпод вълните се чуваше стенещ, мърморещ звук
and yet, the little mermaid remained by the cabin window
и все пак малката русалка остана до прозореца на кабината
she was rocking up and down on the water
тя се люлееше нагоре-надолу по водата

so that she could keep looking into the ship
за да може да продължи да гледа в кораба
After a while the sails were quickly set
След известно време платната бързо бяха разпънати
and the ship went on her way back to port
и корабът тръгна обратно към пристанището

But soon the waves rose higher and higher
Но скоро вълните се издигнаха все по-високо и по-високо
dark, heavy clouds darkened the night sky
тъмни, тежки облаци помрачиха нощното небе
and there appeared flashes of lightning in the distance
и в далечината се появиха светкавици
not far away a dreadful storm was approaching
недалеч се задаваше страшна буря
Once more the sails were lowered against the wind
Още веднъж платната бяха спуснати срещу вятъра
and the great ship pursued her course over the raging sea
и големият кораб следваше курса си над бушуващото море
The waves rose as high as the mountains
Вълните се издигнаха до планините
one would have thought the waves were going to have the ship
човек би си помислил, че вълните ще завладеят кораба
but the ship dived like a swan between the waves
но корабът се гмурна като лебед между вълните
then she rose again on their lofty, foaming crests
след това тя отново се издигна върху техните високи, разпенени гребени
To the little mermaid this was pleasant to watch
За малката русалка това беше приятно да гледа
but it was not pleasant for the sailors
но не беше приятно за моряците
the ship made awful groaning and creaking sounds
корабът издаваше ужасни стенещи и скърцащи звуци

and the waves broke over the deck of the ship again and again
и вълните се разбиваха върху палубата на кораба отново и отново
the thick planks gave way under the lashing of the sea
дебелите дъски поддадоха под ударите на морето
under the pressure the mainmast snapped asunder, like a reed
под натиска гротмачтата се разцепи като тръстика
and, as the ship lay over on her side, the water rushed in
и когато корабът легна на една страна, водата нахлу

The little mermaid realized that the crew were in danger
Малката русалка разбра, че екипажът е в опасност
her own situation wasn't without danger either
нейното собствено положение също не беше без опасност
she had to avoid the beams and planks scattered in the water
тя трябваше да избягва гредите и дъските, разпръснати във водата
for a moment everything turned into complete darkness
за момент всичко потъна в пълен мрак
and the little mermaid could not see where she was
и малката русалка не можеше да види къде се намира
but then a flash of lightning revealed the whole scene
но тогава светкавица разкри цялата сцена
she could see everyone was still on board of the ship
тя виждаше, че всички все още са на борда на кораба
well, everyone was on board of the ship, except the prince
Е, всички бяха на борда на кораба, с изключение на принца
the ship continued on its path to the land
корабът продължи пътя си към сушата
and she saw the prince sink into the deep waves
и тя видя принца да потъва в дълбоките вълни
for a moment this made her happier than it should have

за момент това я направи по-щастлива, отколкото трябваше

now that he was in the sea she could be with him
сега, когато беше в морето, тя можеше да бъде с него
Then she remembered the limits of human beings
Тогава тя си спомни границите на човешките същества
the people of the land cannot live in the water
хората на земята не могат да живеят във водата
if he got to the palace he would already be dead
ако стигнеше до двореца, той вече щеше да е мъртъв
"No, he must not die!" she decided
— Не, той не трябва да умре! - реши тя
she forget any concern for her own safety
тя забравя всяка загриженост за собствената си безопасност
and she swam through the beams and planks
и тя плуваше през гредите и дъските
two beams could easily crush her to pieces
две греди лесно биха могли да я смажат на парчета
she dove deep under the dark waters
тя се гмурна дълбоко под тъмните води
everything rose and fell with the waves
всичко се издигаше и падаше с вълните
finally, she managed to reach the young prince
накрая тя успяла да стигне до младия принц
he was fast losing the power to swim in the stormy sea
той бързо губеше силата си да плува в бурното море
His limbs were starting to fail him
Крайниците му започваха да се отказват
and his beautiful eyes were closed
и красивите му очи бяха затворени
he would have died had the little mermaid not come
той щеше да умре, ако малката русалка не дойде
She held his head above the water
Тя държеше главата му над водата
and she let the waves carry them where they wanted

и тя се остави на вълните да ги отнесат, където искат

In the morning the storm had ceased
На сутринта бурята беше спряла
but of the ship not a single fragment could be seen
но от кораба не можеше да се види нито един фрагмент
The sun came up, red and shining, out of the water
Слънцето изгря, червено и блестящо, от водата
the sun's beams had a healing effect on the prince
слънчевите лъчи действали целебно на княза
the hue of health returned to the prince's cheeks
оттенъкът на здравето се върна на бузите на принца
but despite the sun, his eyes remained closed
но въпреки слънцето очите му останаха затворени
The mermaid kissed his high, smooth forehead
Русалката целуна високото му гладко чело
and she stroked back his wet hair
и тя погали назад мократа му коса
He seemed to her like the marble statue in her garden
Той й се стори като мраморната статуя в нейната градина
so she kissed him again, and wished that he lived
така че тя го целуна отново и му пожела да оживее

Presently, they came in sight of land
В момента те се появиха в полезрението на земя
and she saw lofty blue mountains on the horizon
и тя видя високи сини планини на хоризонта
on top of the mountains the white snow rested
на върха на планините белият сняг почива
as if a flock of swans were lying upon the mountains
като че ли ято лебеди лежи върху планините
Beautiful green forests were near the shore
Красиви зелени гори бяха близо до брега
and close by there stood a large building
а наблизо се издигаше голяма сграда
it could have been a church or a convent

може да е била църква или манастир
but she was still too far away to be sure
но тя все още беше твърде далеч, за да бъде сигурна
Orange and citron trees grew in the garden
В градината растяха портокалови и цитронови дървета
and before the door stood lofty palms
а пред вратата стояха високи палми
The sea here formed a little bay
Морето тук образува малък залив
in the bay the water lay quiet and still
в залива водата беше тиха и неподвижна
but although the water was still, it was very deep
но въпреки че водата беше неподвижна, беше много дълбока
She swam with the handsome prince to the beach
Тя доплува с красивия принц до плажа
the beach was covered with fine white sand
плажът беше покрит с фин бял пясък
and on the sand she laid him in the warm sunshine
и на пясъка тя го положи на топлото слънце
she took care to raise his head higher than his body
тя се погрижи да вдигне главата му по-високо от тялото му
Then bells sounded from the large white building
Тогава от голямата бяла сграда зазвучаха камбани
some young girls came into the garden
някои млади момичета влязоха в градината
The little mermaid swam out farther from the shore
Малката русалка изплува по-далеч от брега
she hid herself among some high rocks in the water
тя се скри сред едни високи скали във водата
she covered her head and neck with the foam of the sea
тя покри главата и шията си с морската пяна
and she watched to see what would become of the poor prince
и тя гледаше какво ще стане с бедния принц

- 26 -

It was not long before she saw a young girl approach
Не след дълго видяла младо момиче да се приближава
the young girl seemed frightened, at first
в началото младото момиче изглеждаше уплашено
but her fear only lasted for a moment
но страхът й продължи само за миг
then she brought over a number of people
след това тя доведе няколко души
and the mermaid saw that the prince came to life again
и русалката видя, че принцът отново оживя
he smiled upon those who stood around him
той се усмихна на застаналите около него
But to the little mermaid the prince sent no smile
Но на малката русалка принцът не изпрати усмивка
he knew not that it was her who had saved him
той не знаеше, че тя го беше спасила
This made the little mermaid very sorrowful
Това натъжи малката русалка
and then he was led away into the great building
и след това той беше отведен в голямата сграда
and the little mermaid dived down into the water
и малката русалка се гмурна във водата
and she returned to her father's castle
и тя се върна в замъка на баща си

The Little Mermaid Longs for the Upper World
Малката русалка копнее за горния свят

She had always been the most silent and thoughtful of the sisters
Тя винаги е била най-мълчаливата и замислена от сестрите

and now she was more silent and thoughtful than ever
и сега беше по-мълчалива и замислена от всякога

Her sisters asked her what she had seen on her first visit
Сестрите й я попитаха какво е видяла при първото си посещение

but she could tell them nothing of what she had seen
но тя не можа да им каже нищо от това, което беше видяла

Many an evening and morning she returned to the surface
Много вечери и сутрин тя се връщаше на повърхността

and she went to the place where she had left the prince
и тя отиде на мястото, където беше оставила принца

She saw the fruits in the garden ripen
Тя видяла плодовете в градината да узряват

and she watched the fruits gathered from their trees
и тя гледаше плодовете, събрани от техните дървета

she watched the snow on the mountain tops melt away
тя гледаше как снегът по планинските върхове се топи

but on none of her visits did she see the prince again
но при нито едно от посещенията си тя не видя отново принца

and therefore she always returned more sorrowful than when she left
и затова винаги се връщаше по-тъжна, отколкото когато си тръгваше

her only comfort was sitting in her own little garden
единствената й утеха беше да седи в собствената си малка градина

she flung her arms around the beautiful marble statue
тя обгърна красивата мраморна статуя с ръце
the statue which looked just like the prince
статуята, която изглеждаше точно като принца
She had given up tending to her flowers
Беше се отказала да се грижи за цветята си
and her garden grew in wild confusion
и нейната градина растеше в диво объркване
they twinied the long leaves and stems of the flowers
around the trees
те оплитаха дългите листа и стъбла на цветята около дърветата
so that the whole garden became dark and gloomy
така че цялата градина стана тъмна и мрачна

eventually she could bear the pain no longer
в крайна сметка тя не можеше да понесе повече болката
and she told one of her sisters all that had happened
и тя разказа на една от сестрите си всичко, което се беше случило
soon the other sisters heard the secret
скоро другите сестри чуха тайната
and very soon her secret became known to several maids
и много скоро нейната тайна стана известна на няколко прислужници
one of the maids had a friend who knew about the prince
една от прислужниците имаше приятелка, която знаеше за принца
She had also seen the festival on board the ship
Тя също беше видяла фестивала на борда на кораба
and she told them where the prince came from
и тя им каза откъде идва принцът
and she told them where his palace stood
и тя им каза къде се намира неговият дворец

"Come, little sister," said the other princesses

„Ела, сестричке", казаха другите принцеси
they entwined their arms and rose up together
те сплетоха ръце и се надигнаха заедно
they went near to where the prince's palace stood
те се приближиха до двореца на принца
the palace was built of bright-yellow, shining stone
дворецът е построен от яркожълт, блестящ камък
and the palace had long flights of marble steps
и дворецът имаше дълги полета от мраморни стъпала
one of the flights of steps reached down to the sea
едно от стъпалата достигаше до морето
Splendid gilded cupolas rose over the roof
Над покрива се издигаха великолепни позлатени куполи
the whole building was surrounded by pillars
цялата сграда беше оградена със стълбове
and between the pillars stood lifelike statues of marble
а между колоните стояха реалистични статуи от мрамор
they could see through the clear crystal of the windows
те можеха да виждат през чистия кристал на прозорците
and they could look into the noble rooms
и те можеха да погледнат в благородните стаи
costly silk curtains and tapestries hung from the ceiling
от тавана висяха скъпи копринени завеси и гоблени
and the walls were covered with beautiful paintings
а стените бяха покрити с красиви картини
In the centre of the largest salon was a fountain
В центъра на най-големия салон имаше фонтан
the fountain threw its sparkling jets high up
фонтанът хвърляше искрящите си струи високо нагоре
the water splashed onto the glass cupola of the ceiling
водата се пръсна върху стъкления купол на тавана
and the sun shone in through the water
и слънцето грееше през водата
and the water splashed on the plants around the fountain
и водата плискаше растенията около фонтана

Now the little mermaid knew where the prince lived
Сега малката русалка знаеше къде живее принцът
so she spent many a night in those waters
така че тя прекара много нощи в тези води
she got more courageous than her sisters had been
тя стана по-смела от сестрите си
and she swam much nearer the shore than they had
и тя плуваше много по-близо до брега, отколкото те
once she went up the narrow channel, under the marble balcony
веднъж тя се изкачи по тесния канал, под мраморния балкон
the balcony threw a broad shadow on the water
балконът хвърляше широка сянка върху водата
Here she sat and watched the young prince
Тук тя седеше и гледаше младия принц
he, of course, thought he was alone in the bright moonlight
той, разбира се, си мислеше, че е сам на ярката лунна светлина

She often saw him in the evenings, sailing in a beautiful boat
Тя често го виждаше вечер, плаващ в красива лодка
music sounded from the boat and the flags waved
музика звучеше от лодката и флаговете се развяваха
She peeped out from among the green rushes
Тя надникна измежду зелените папури
at times the wind caught her long silvery-white veil
на моменти вятърът долавяше дългия й сребристобял воал
those who saw her veil believed it to be a swan
онези, които видели воала й, повярвали, че е лебед
her veil had all the appearance of a swan spreading its wings
воалът й изглеждаше като лебед, разперил крилата си

Many a night, too, she watched the fishermen set their nets

Много нощи тя наблюдавала как рибарите поставят мрежите си
they cast their nets in the light of their torches
те хвърляха мрежите си в светлината на факлите си
and she heard them tell many good things about the prince
и тя ги чу да говорят много хубави неща за принца
this made her glad that she had saved his life
това я зарадва, че е спасила живота му
when he was tossed around half dead on the waves
когато го подхвърляха полумъртъв по вълните
She remembered how his head had rested on her bosom
Тя си спомни как главата му се беше отпуснала на гърдите й
and she remembered how heartily she had kissed him
и си спомни колко сърдечно го бе целувала
but he knew nothing of all that had happened
но той не знаеше нищо за всичко, което се беше случило
the young prince could not even dream of the little mermaid
младият принц дори не можеше да мечтае за малката русалка

She grew to like human beings more and more
Тя започна да харесва хората все повече и повече
she wished more and more to be able to wander their world
тя искаше все повече и повече да може да се скита по техния свят
their world seemed to be so much larger than her own
техният свят изглеждаше много по-голям от нейния собствен
They could fly over the sea in ships
Те можеха да летят над морето с кораби
and they could mount the high hills far above the clouds
и те можеха да се качат на високите хълмове далеч над облаците
in their lands they possessed woods and fields
в своите земи те притежаваха гори и ниви

the greenery stretched beyond the reach of her sight
зеленината се простираше извън обсега на погледа й
There was so much that she wished to know!
Имаше толкова много неща, които тя искаше да знае!
but her sisters were unable to answer all her questions
но сестрите й не можаха да отговорят на всичките й въпроси
She then went to her old grandmother for answers
След това тя отиде при старата си баба за отговори
her grandmother knew all about the upper world
баба й знаеше всичко за горния свят
she rightly called this world "the lands above the sea"
тя правилно нарече този свят "земите над морето"

"If human beings are not drowned, can they live forever?"
„Ако човешките същества не се удавят, могат ли да живеят вечно?"
"Do they never die, as we do here in the sea?"
— Никога ли не умират, както ние тук, в морето?
"Yes, they die too," replied the old lady
— Да, и те умират — отвърна възрастната жена
"like us, they must also die," added her grandmother
„като нас, те също трябва да умрат", добави баба й
"and their lives are even shorter than ours"
"и животът им е дори по-кратък от нашия"
"We sometimes live for three hundred years"
"Ние понякога живеем триста години"
"but when we cease to exist here we become foam"
"но когато престанем да съществуваме тук, ставаме пяна"
"and we float on the surface of the water"
"и ние се носим по повърхността на водата"
"we do not have graves for those we love"
"нямаме гробове за тези, които обичаме"
"and we have not immortal souls"
"и ние нямаме безсмъртни души"
"after we die we shall never live again"

"след като умрем, никога повече няма да живеем"
"like the green seaweed, once it has been cut off"
"като зеленото водорасло, след като бъде отсечено"
"after we die, we can never flourish again"
"след като умрем, никога повече не можем да процъфтим"
"Human beings, on the contrary, have souls"
"Човешките същества, напротив, имат души"
"even after they're dead their souls live forever"
"дори след като са мъртви, техните души живеят вечно"
"when we die our bodies turn to foam"
"когато умрем телата ни се превръщат в пяна"
"when they die their bodies turn to dust"
"когато умрат телата им се превръщат в прах"
"when we die we rise through the clear, blue water"
"когато умрем, ние се издигаме през чистата, синя вода"
"when they die they rise up through the clear, pure air"
"когато умрат, те се издигат през прозрачния, чист въздух"
"when we die we float no further than the surface"
"когато умрем, ние не плаваме по-далеч от повърхността"
"but when they die they go beyond the glittering stars"
"но когато умрат, отиват отвъд блестящите звезди"
"we rise out of the water to the surface"
"издигаме се от водата на повърхността"
"and we behold all the land of the earth"
"и ние виждаме цялата земя"
"they rise to unknown and glorious regions"
"те се издигат до непознати и славни региони"
"glorious and unknown regions which we shall never see"
"славни и непознати региони, които никога няма да видим"
the little mermaid mourned her lack of a soul
малката русалка оплакваше липсата си на душа
"Why have not we immortal souls?" asked the little mermaid
„Защо нямаме безсмъртни души?" – попита малката русалка
"I would gladly give all the hundreds of years that I have"

"С удоволствие бих дал всичките стотици години, които имам"
"I would trade it all to be a human being for one day"
„Бих разменил всичко, за да бъда човек за един ден"
"I can not imagine the hope of knowing such happiness"
"Не мога да си представя надеждата да позная такова щастие"
"the happiness of that glorious world above the stars"
"щастието на този славен свят над звездите"
"You must not think that way," said the old woman
— Не трябва да мислиш така — каза старицата
"We believe that we are much happier than the humans"
„Вярваме, че сме много по-щастливи от хората"
"and we believe we are much better off than human beings"
"и вярваме, че сме много по-добре от хората"

"So I shall die," said the little mermaid
- Значи ще умра - каза малката русалка
"being the foam of the sea, I shall be washed about"
"както съм морска пяна, ще бъда измит"
"never again will I hear the music of the waves"
"Никога повече няма да чуя музиката на вълните"
"never again will I see the pretty flowers"
"никога повече няма да видя красивите цветя"
"nor will I ever again see the red sun"
"нито пък някога ще видя червеното слънце"
"Is there anything I can do to win an immortal soul?"
„Мога ли да направя нещо, за да спечеля безсмъртна душа?"
"No," said the old woman, "unless..."
- Не - каза старицата, - освен ако...
"there is just one way to gain a soul"
"има само един начин да спечелиш душа"
"a man has to love you more than he loves his father and mother"

"човек трябва да те обича повече, отколкото обича баща си и майка си"
"all his thoughts and love must be fixed upon you"
"всичките му мисли и любов трябва да са насочени към теб"
"he has to promise to be true to you here and hereafter"
"той трябва да обещае да ти бъде верен тук и отвъд"
"the priest has to place his right hand in yours"
"свещеникът трябва да постави дясната си ръка във вашата"
"then your man's soul would glide into your body"
"тогава душата на твоя мъж ще се плъзне в тялото ти"
"you would get a share in the future happiness of mankind"
"ще получите дял в бъдещото щастие на човечеството"
"He would give to you a soul and retain his own as well"
„Той ще ти даде душа и ще запази своята собствена"
"but it is impossible for this to ever happen"
"но е невъзможно това да се случи някога"
"Your fish's tail, among us, is considered beautiful"
„Опашката на вашата риба сред нас се смята за красива"
"but on earth your fish's tail is considered ugly"
"но на земята опашката на вашата риба се смята за грозна"
"The humans do not know any better"
"Хората не знаят нищо по-добро"
"their standard of beauty is having two stout props"
"техният стандарт за красота е да имат два яки реквизита"
"these two stout props they call their legs"
"тези два яки опори, които наричат краката си"
The little mermaid sighed at what appeared to be her destiny
Малката русалка въздъхна по това, което изглеждаше нейната съдба
and she looked sorrowfully at her fish's tail
и тя погледна тъжно опашката на рибата си
"Let us be happy with what we have," said the old lady

„Нека се радваме на това, което имаме", каза възрастната жена
"let us dart and spring about for the three hundred years"
"нека да се стреляме и да се движим за триста години"
"and three hundred years really is quite long enough"
"и триста години наистина са достатъчно много"
"After that we can rest ourselves all the better"
„След това можем да си починем още по-добре"
"This evening we are going to have a court ball"
„Тази вечер ще имаме съдебен бал"

It was one of those splendid sights we can never see on earth
Това беше една от онези прекрасни гледки, които никога не можем да видим на земята
the court ball took place in a large ballroom
съдебният бал се проведе в голяма бална зала
The walls and the ceiling were of thick transparent crystal
Стените и таванът бяха от дебел прозрачен кристал
Many hundreds of colossal sea shells stood in rows on each side
Много стотици колосални морски раковини стояха в редици от всяка страна
some of the sea shells were deep red, others were grass green
някои от морските миди бяха тъмночервени, други бяха тревистозелени
and each of the sea shells had a blue fire in it
и във всяка от морските черупки имаше син огън
These fires lighted up the whole salon and the dancers
Тези огньове осветиха целия салон и танцьорите
and the sea shells shone out through the walls
и морските миди блестяха през стените
so that the sea was also illuminated by their light
така че морето също беше осветено от тяхната светлина
Innumerable fishes, great and small, swam past
Безброй риби, големи и малки, плуваха покрай него
some of the fishes scales glowed with a purple brilliance

люспите на някои от рибите грееха с пурпурен блясък
and other fishes shone like silver and gold
и други риби блестяха като сребро и злато
Through the halls flowed a broad stream
През залите течеше широк поток
and in the stream danced the mermen and the mermaids
а в потока танцуваха водените и русалките
they danced to the music of their own sweet singing
те танцуваха на музиката на собственото си сладко пеене

No one on earth has such lovely voices as they
Никой на земята няма толкова прекрасни гласове като тях
but the little mermaid sang more sweetly than all
но малката русалка пееше по-сладко от всички
The whole court applauded her with hands and tails
Целият съд я аплодира с ръце и опашки
and for a moment her heart felt quite happy
и за момент сърцето й се почувства доста щастливо
because she knew she had the sweetest voice in the sea
защото знаеше, че има най-сладкия глас в морето
and she knew she had the sweetest voice on land
и тя знаеше, че има най-сладкия глас на земята
But soon she thought again of the world above her
Но скоро тя отново се сети за света над себе си
she could not forget the charming prince
тя не можеше да забрави очарователния принц
it reminded her that he had an immortal soul
напомняше й, че той има безсмъртна душа
and she could not forget that she had no immortal soul
и не можеше да забрави, че няма безсмъртна душа
She crept away silently out of her father's palace
Тя се измъкна безшумно от двореца на баща си
everything within was full of gladness and song
всичко вътре беше пълно с радост и песен
but she sat in her own little garden, sorrowful and alone

но тя седеше в собствената си малка градина, скръбна и сама

Then she heard the bugle sounding through the water
Тогава тя чу звука на гърмежа през водата
and she thought, "He is certainly sailing above"
и тя си помисли, "Той със сигурност плава над"
"he, the beautiful prince, in whom my wishes centre"
"той, красивият принц, в когото са моите желания"
"he, in whose hands I should like to place my happiness"
"той, в чиито ръце бих искал да предам щастието си"
"I will venture all for him to win an immortal soul"
„Ще положа всичко за него, за да спечеля безсмъртна душа"
"my sisters are dancing in my father's palace"
"сестрите ми танцуват в двореца на баща ми"
"but I will go to the sea witch"
"но аз ще отида при морската вещица"
"the sea witch of whom I have always been so afraid"
"морската вещица, от която винаги съм се страхувал"
"but the sea witch can give me counsel, and help"
"но морската вещица може да ми даде съвет и помощ"

The Sea Witch
Морската вещица

Then the little mermaid went out from her garden
Тогава малката русалка излезе от градината си
and she took the path to the foaming whirlpools
и тя пое пътеката към разпенените водовъртежи
behind the foaming whirlpools the sorceress lived
зад разпенените водовъртежи живееше магьосницата
the little mermaid had never gone that way before
малката русалка никога преди не беше минавала по този път
Neither flowers nor grass grew where she was going
Там, където отиваше, не растяха нито цветя, нито трева
there was nothing but bare, gray, sandy ground
нямаше нищо освен гола, сива, пясъчна земя
this barren land stretched out to the whirlpool
тази безплодна земя се простираше до водовъртежа
the water was like foaming mill wheels
водата беше като разпенени воденични колела
and the whirlpools seized everything that came within reach
и водовъртежите грабваха всичко, което им достигаше
the whirlpools cast their prey into the fathomless deep
водовъртежите хвърлят плячката си в бездната
Through these crushing whirlpools she had to pass
През тези смазващи водовъртежи тя трябваше да премине
only then could she reach the dominions of the sea witch
само тогава тя можеше да достигне до владенията на морската вещица
after this came a stretch of warm, bubbling mire
след това дойде участък от топла, кипяща кал
the sea witch called the bubbling mire her turf moor
морската вещица нарече клокочещата тиня своя тревна трева

Beyond her turf moor was the witch's house

Отвъд тревната й трева беше къщата на вещицата
her house stood in the centre of a strange forest
нейната къща стоеше в центъра на странна гора
in this forest all the trees and flowers were polypi
в тази гора всички дървета и цветя бяха полипи
but they were only half plant; the other half was animal
но те бяха само наполовина растения; другата половина беше животно
They looked like serpents with a hundred heads
Приличаха на змии със сто глави
and each serpent was growing out of the ground
и всяка змия растеше от земята
Their branches were long, slimy arms
Клоните им бяха дълги, лигави ръце
and they had fingers like flexible worms
и имаха пръсти като гъвкави червеи
each of their limbs, from the root to the top, moved
всеки от крайниците им, от корена до върха, се движеше
All that could be reached in the sea they seized upon
Всичко, което можеше да се достигне в морето, те заграбиха
and what they caught they held on tightly to
и това, което хванаха, го хванаха здраво
so that what they caught never escaped from their clutches
така че това, което хванаха, никога да не избяга от лапите им

The little mermaid was alarmed at what she saw
Малката русалка се разтревожи от това, което видя
she stood still and her heart beat with fear
тя стоеше неподвижно и сърцето й биеше от страх
She came very close to turning back
Тя беше много близо до това да се върне
but she thought of the beautiful prince
но тя се сети за красивия принц
and she thought of the human soul for which she longed

и тя мислеше за човешката душа, за която копнееше
with these thoughts her courage returned
с тези мисли смелостта й се върна
She fastened her long, flowing hair round her head
Тя закрепи дългата си, разпусната коса около главата си
so that the polypi could not grab hold of her hair
така че полипите да не могат да се хванат за косата й
and she crossed her hands across her bosom
и тя кръстоса ръце на гърдите си
and then she darted forward like a fish through the water
и тогава тя се стрелна напред като риба през водата
between the subtle arms and fingers of the ugly polypi
между фините ръце и пръсти на грозните полипи
the polypi were stretched out on each side of her
полипите се простираха от двете й страни
She saw that they all held something in their grasp
Тя видя, че всички държат нещо в ръцете си
something they had seized with their numerous little arms
нещо, което бяха хванали с многобройните си ръчички
they were holding white skeletons of human beings
те държаха бели скелети на човешки същества
sailors who had perished at sea in storms
моряци, загинали в морето при бури
sailors who had sunk down into the deep waters
моряци, потънали в дълбоките води
and there were skeletons of land animals
и имаше скелети на сухоземни животни
and there were oars, rudders, and chests of ships
и имаше гребла, кормила и сандъци на кораби
There was even a little mermaid whom they had caught
Имаше дори малка русалка, която бяха хванали
the poor mermaid must have been strangled by the hands
бедната русалка трябва да е била удушена от ръцете
to her this seemed the most shocking of all
за нея това изглеждаше най-шокиращото от всичко

finally, she came to a space of marshy ground in the woods
накрая тя стигна до блатиста земя в гората
here there were large fat water snakes rolling in the mire
тук имаше големи тлъсти водни змии, които се търкаляха в калта
the snakes showed their ugly, drab-colored bodies
змиите показаха своите грозни, мрачни тела
In the midst of this spot stood a house
В средата на това място стоеше къща
the house was built of the bones of shipwrecked human beings
къщата е построена от костите на корабокрушенци
and in the house sat the sea witch
а в къщата седеше морската вещица
she was allowing a toad to eat from her mouth
тя позволяваше на жаба да яде от устата й
just like when people feed a canary with pieces of sugar
точно както когато хората хранят канарче с парчета захар
She called the ugly water snakes her little chickens
Тя нарече грозните водни змии своите малки пиленца
and she allowed her little chickens to crawl all over her
и тя позволи на малките си пилета да пълзят навсякъде по нея

"I know what you want," said the sea witch
— Знам какво искаш — каза морската вещица
"It is very stupid of you to want such a thing"
"Много е глупаво от твоя страна да искаш такова нещо"
"but you shall have your way, however stupid it is"
"но ще имаш своя път, колкото и глупав да е"
"though your wish will bring you to sorrow, my pretty princess"
"въпреки че желанието ти ще те накара да наскърбиш, моя хубава принцесо"
"You want to get rid of your mermaid's tail"
"Искаш да се отървеш от опашката на твоята русалка"

"and you want to have two stumps instead"
"и вместо това искате да имате два пъна"
"this will make you like the human beings on earth"
"това ще ви направи като човешките същества на земята"
"and then the young prince might fall in love with you"
"и тогава младият принц може да се влюби в теб"
"and then you might have an immortal soul"
"и тогава може да имаш безсмъртна душа"
the witch laughed loud and disgustingly
вещицата се засмя високо и отвратително
the toad and the snakes fell to the ground
жабата и змиите паднаха на земята
and they lay there wriggling on the floor
и те лежаха там, гърчейки се на пода
"You came to me just in time," said the witch
— Ти дойде при мен точно навреме — каза вещицата
"after sunrise tomorrow it would have been too late"
"утре след изгрев щеше да е твърде късно"
"after tomorrow I would not have been able to help you till the end of another year"
"след утре нямаше да мога да ти помогна до края на друга година"
"I will prepare a potion for you"
"Ще ти приготвя отвара"
"swim up to the land tomorrow, before sunrise"
"доплувай до сушата утре, преди изгрев слънце"
"seat yourself there and drink the potion"
"седни там и изпий отварата"
"after you drink the potion your tail will disappear"
"след като изпиеш отварата, опашката ти ще изчезне"
"and then you will have what men call legs"
"и тогава ще имаш това, което мъжете наричат крака"

"all will say you are the prettiest girl in the world"
"всички ще кажат, че ти си най-красивото момиче на света"

"but for this you will have to endure great pain"
"но за това ще трябва да изтърпиш голяма болка"
"it will be as if a sword were passing through you"
"ще бъде сякаш меч минава през теб"
"You will still have the same gracefulness of movement"
„Все още ще имате същата грациозност на движенията"
"it will be as if you are floating over the ground"
"ще бъде сякаш се носиш над земята"
"and no dancer will ever tread as lightly as you"
"и никой танцьор никога няма да стъпи толкова леко като теб"
"but every step you take will cause you great pain"
"но всяка стъпка, която предприемеш, ще ти причини голяма болка"
"it will be as if you were treading upon sharp knives"
"ще бъде все едно стъпвате върху остри ножове"
"If you bear all this suffering, I will help you"
"Ако понесеш цялото това страдание, аз ще ти помогна"
the little mermaid thought of the prince
малката русалка помисли за принца
and she thought of the happiness of an immortal soul
и тя мислеше за щастието на една безсмъртна душа
"Yes, I will," said the little princess
- Да, ще го направя - каза малката принцеса
but, as you can imagine, her voice trembled with fear
но, както можете да си представите, гласът й трепереше от страх

"do not rush into this," said the witch
„Не бързайте с това", каза вещицата
"once you are shaped like a human, you can never return"
"След като си оформен като човек, никога не можеш да се върнеш"
"and you will never again take the form of a mermaid"
"и никога повече няма да приемеш формата на русалка"
"You will never return through the water to your sisters"

"Никога няма да се върнеш през водата при сестрите си"
"nor will you ever go to your father's palace again"
"нито пък някога ще отидеш отново в двореца на баща си"
"you will have to win the love of the prince"
"ще трябва да спечелиш любовта на принца"
"he must be willing to forget his father and mother for you"
"той трябва да е готов да забрави баща си и майка си заради теб"
"and he must love you with all of his soul"
"и той трябва да те обича с цялата си душа"
"the priest must join your hands together"
"свещеникът трябва да съедини ръцете ви"
"and he must make you man and wife in holy matrimony"
"и той трябва да ви направи мъж и съпруга в свят брак"
"only then will you have an immortal soul"
"само тогава ще имаш безсмъртна душа"
"but you must never allow him to marry another woman"
"но никога не трябва да му позволяваш да се ожени за друга жена"
"the morning after he marries another woman, your heart will break"
"на сутринта след като се ожени за друга жена, сърцето ти ще се разбие"
"and you will become foam on the crest of the waves"
"и ще станеш пяна на гребена на вълните"
the little mermaid became as pale as death
малката русалка стана бледа като смъртта
"I will do it," said the little mermaid
- Ще го направя - каза малката русалка

"But I must be paid, also," said the witch
— Но и на мен трябва да ми се плати — каза вещицата
"and it is not a trifle that I ask for"
"и това не е дреболия, която моля"
"You have the sweetest voice of any who dwell here"
"Имаш най-сладкия глас от всички, които живеят тук"

"you believe that you can charm the prince with your voice"
"ти вярваш, че можеш да очароваш принца с гласа си"
"But your beautiful voice you must give to me"
"Но красивия си глас трябва да ми дадеш"
"The best thing you possess is the price of my potion"
"Най-доброто нещо, което притежаваш, е цената на моята отвара"
"the potion must be mixed with my own blood"
"отварата трябва да бъде смесена със собствената ми кръв"
"only this mixture makes the potion as sharp as a two-edged sword"
"само тази смес прави отварата остра като нож с две остриета"

the little mermaid tried to object to the cost
малката русалка се опита да възрази срещу цената
"But if you take away my voice..." said the little mermaid
- Но ако ми отнемеш гласа... - каза малката русалка
"if you take away my voice, what is left for me?"
"Ако ми отнемеш гласа, какво ми остава?"
"Your beautiful form," suggested the sea witch
— Твоята красива форма — предложи морската вещица
"your graceful walk, and your expressive eyes"
"грациозната ти походка и изразителните ти очи"
"Surely, with these things you can enchain a man's heart?"
— Сигурно с тези неща можеш да оковите сърцето на мъж?
"Well, have you lost your courage?" the sea witch asked
— Е, изгубил ли си смелост? - попитала морската вещица
"Put out your little tongue, so that I can cut it off"
"Изплези си езичето, за да го отрежа"
"then you shall have the powerful potion"
"тогава ще имаш мощната отвара"
"It shall be," said the little mermaid
- Ще бъде - каза малката русалка

Then the witch placed her cauldron on the fire
Тогава вещицата сложи казана на огъня
"Cleanliness is a good thing," said the sea witch
„Чистотата е хубаво нещо", каза морската вещица
she scoured the vessels for the right snake
тя изтърси съдовете за дясната змия
all the snakes had been tied together in a large knot
всички змии бяха вързани заедно в голям възел
Then she pricked herself in the breast
Тогава тя се убоде в гърдите
and she let the black blood drop into the caldron
и тя остави черната кръв да капне в казана
The steam that rose twisted itself into horrible shapes
Парата, която се вдигна, се изви в ужасяващи форми
no person could look at the shapes without fear
никой човек не може да гледа формите без страх
Every moment the witch threw new ingredients into the vessel
Всеки момент вещицата хвърляше нови съставки в съда
finally, with everything inside, the caldron began to boil
накрая, с всичко вътре, котелът започна да кипи
there was the sound like the weeping of a crocodile
имаше звук като плач на крокодил
and at last the magic potion was ready
и най-накрая вълшебната отвара беше готова
despite its ingredients, the potion looked like the clearest water
въпреки съставките си, отварата изглеждаше като най-чистата вода
"There it is, all for you," said the witch
— Ето го, всичко за теб — каза вещицата
and then she cut off the little mermaid's tongue
и тогава тя отряза езика на малката русалка
so that the little mermaid could never again speak, nor sing again

така че малката русалка никога повече да не може да говори, нито да пее отново
"the polypi might try and grab you on the way out"
"полипите може да се опитат да те грабнат на излизане"
"if they try, throw over them a few drops of the potion"
"ако се опитат, хвърлете върху тях няколко капки от отварата"
"and their fingers will be torn into a thousand pieces"
"и пръстите им ще бъдат разкъсани на хиляди парчета"
But the little mermaid had no need to do this
Но малката русалка нямаше нужда да прави това
the polypi sprang back in terror when they saw her
полипи отскочиха назад в ужас, когато я видяха
they saw she had lost her tongue to the sea witch
видяха, че е загубила езика си от морската вещица
and they saw she was carrying the potion
и видяха, че тя носи отварата
the potion shone in her hand like a twinkling star
отварата блестеше в ръката й като блещукаща звезда

So she passed quickly through the wood and the marsh
Така тя мина бързо през гората и блатото
and she passed between the rushing whirlpools
и тя мина между бурните водовъртежи
soon she made her way back to the palace of her father
скоро тя се върна в двореца на баща си
all the torches in the ballroom were extinguished
всички факли в балната зала бяха изгасени
all within the palace must now be asleep
сега всичко в двореца трябва да спи
But she did not go inside to see them
Но тя не влезе вътре, за да ги види
she knew she was going to leave them forever
знаеше, че ще ги напусне завинаги
and she knew her heart would break if she saw them
и знаеше, че сърцето й ще се разбие, ако ги види

she went into the garden one last time
тя отиде в градината за последен път
and she took a flower from each one of her sisters
и тя взе цвете от всяка една от сестрите си
and then she rose up through the dark-blue waters
и тогава тя се издигна през тъмносините води

The Little Mermaid Meets the Prince
Малката русалка среща принца

the little mermaid arrived at the prince's palace
малката русалка пристигна в двореца на принца
the sun had not yet risen from the sea
слънцето още не беше изгряло от морето
and the moon shone clear and bright in the night
и луната светеше ясно и ярко в нощта
the little mermaid sat at the beautiful marble steps
малката русалка седеше на красивите мраморни стъпала
and then the little mermaid drank the magic potion
и тогава малката русалка изпи магическата отвара
she felt the cut of a two-edged sword cut through her
усети как я прорязва нож с две остриета
and she fell into a swoon, and lay like one dead
и тя падна в безсъзнание и лежеше като мъртва
the sun rose from the sea and shone over the land
слънцето се издигна от морето и освети земята
she recovered and felt the pain from the cut
тя се възстанови и усети болката от порязването
but before her stood the handsome young prince
но пред нея стоеше красивият млад принц

He fixed his coal-black eyes upon the little mermaid
Той впери черните си като въглен очи в малката русалка
he looked so earnestly that she cast down her eyes
той погледна толкова сериозно, че тя сведе очи
and then she became aware that her fish's tail was gone
и тогава тя осъзна, че опашката на нейната риба я няма
she saw that she had the prettiest pair of white legs
тя видя, че има най-красивия чифт бели крака
and she had tiny feet, as any little maiden would have
и имаше малки крака, каквито би имала всяка малка мома
But, having come from the sea, she had no clothes
Но, като дойде от морето, тя нямаше дрехи

so she wrapped herself in her long, thick hair
така че тя се уви в дългата си гъста коса
The prince asked her who she was and whence she came
Принцът я попита коя е и откъде е
She looked at him mildly and sorrowfully
Тя го погледна кротко и тъжно
but she had to answer with her deep blue eyes
но тя трябваше да отговори с дълбоките си сини очи
because the little mermaid could not speak anymore
защото малката русалка вече не можеше да говори
He took her by the hand and led her to the palace
Хвана я за ръка и я поведе към двореца

Every step she took was as the witch had said it would be
Всяка нейна стъпка беше такава, каквато каза вещицата, че ще бъде
she felt as if she were treading upon sharp knives
чувстваше се така, сякаш стъпваше върху остри ножове
She bore the pain of her wish willingly, however
Тя обаче понесе болката от желанието си доброволно
and she moved at the prince's side as lightly as a bubble
и тя се движеше от страната на принца леко като балон
all who saw her wondered at her graceful, swaying movements
всички, които я виждаха, се чудеха на грациозните й, люшкащи се движения
She was very soon arrayed in costly robes of silk and muslin
Много скоро тя беше облечена в скъпи одежди от коприна и муселин
and she was the most beautiful creature in the palace
и тя беше най-красивото създание в двореца
but she appeared dumb, and could neither speak nor sing
но тя изглеждаше тъпа и не можеше нито да говори, нито да пее

there were beautiful female slaves, dressed in silk and gold

имаше красиви робини, облечени в коприна и злато
they stepped forward and sang in front of the royal family
те пристъпиха напред и запяха пред кралското семейство
each slave could sing better than the next one
всеки роб можеше да пее по-добре от следващия
and the prince clapped his hands and smiled at her
и принцът плесна с ръце и й се усмихна
This was a great sorrow to the little mermaid
Това беше голяма мъка за малката русалка
she knew how much more sweetly she was able to sing
знаеше колко по-сладко можеше да пее
"if only he knew I have given away my voice to be with him!"
"Само ако знаеше, че съм дала гласа си, за да бъда с него!"

there was music being played by an orchestra
имаше музика, свирена от оркестър
and the slaves performed some pretty, fairy-like dances
и робите изпълняваха красиви, подобни на приказки танци
Then the little mermaid raised her lovely white arms
Тогава малката русалка вдигна прекрасните си бели ръце
she stood on the tips of her toes like a ballerina
тя стоеше на върховете на пръстите си като балерина
and she glided over the floor like a bird over water
и тя се плъзна по пода като птица над водата
and she danced as no one yet had been able to dance
и тя танцуваше така, както никой досега не беше умеел да танцува
At each moment her beauty was more revealed
С всеки момент красотата й ставаше все по-разкрита
most appealing of all, to the heart, were her expressive eyes
най-привлекателни за сърцето бяха нейните изразителни очи
Everyone was enchanted by her, especially the prince
Всички бяха очаровани от нея, особено принцът

the prince called her his deaf little foundling
принцът я нарече своето глухо малко заварено дете
and she happily continued to dance, to please the prince
и тя щастлива продължи да танцува, за да угоди на принца
but we must remember the pain she endured for his pleasure
но трябва да помним болката, която тя изтърпя за неговото удоволствие
every step on the floor felt as if she trod on sharp knives
всяка стъпка на пода се чувстваше така, сякаш стъпваше върху остри ножове

The prince said she should remain with him always
Принцът каза, че тя трябва да остане винаги с него
and she was given permission to sleep at his door
и тя получи разрешение да спи на вратата му
they brought a velvet cushion for her to lie on
донесоха й кадифена възглавница, на която да легне
and the prince had a page's dress made for her
и принцът наредил да й ушият рокля на паж
this way she could accompany him on horseback
по този начин тя можеше да го придружи на кон
They rode together through the sweet-scented woods
Те яздеха заедно през ухаещата гора
in the woods the green branches touched their shoulders
в гората зелените клони докосваха раменете им
and the little birds sang among the fresh leaves
и птичките пееха сред свежите листа
She climbed with him to the tops of high mountains
Тя се изкачи с него до върховете на високите планини
and although her tender feet bled, she only smiled
и въпреки че нежните й крака кървяха, тя само се усмихна
she followed him till the clouds were beneath them
тя го последва, докато облаците бяха под тях
like a flock of birds flying to distant lands

като ято птици, летящи към далечни страни

when all were asleep she sat on the broad marble steps
когато всички заспаха, тя седна на широките мраморни стъпала
it eased her burning feet to bathe them in the cold water
облекчи изгарящите й крака, като ги изкъпе в студената вода
It was then that she thought of all those in the sea
Тогава тя се сети за всички тези в морето
Once, during the night, her sisters came up, arm in arm
Веднъж, през нощта, сестрите й се качиха, хванати за ръце
they sang sorrowfully as they floated on the water
пееха скръбно, докато се носеха по водата
She beckoned to them, and they recognized her
Тя им направи знак и те я познаха
they told her how they had grieved their youngest sister
те й разказаха как са наскърбили най-малката си сестра
after that, they came to the same place every night
след това идваха всяка вечер на едно и също място
Once she saw in the distance her old grandmother
Веднъж видяла в далечината старата си баба
she had not been to the surface of the sea for many years
тя не беше излизала на повърхността на морето от много години
and the old Sea King, her father, with his crown on his head
и старият морски крал, нейният баща, с короната на главата си
he too came to where she could see him
той също дойде там, където тя можеше да го види
They stretched out their hands towards her
Те протегнаха ръце към нея
but they did not venture as near the land as her sisters
но те не се осмелиха да се приближат толкова близо до земята, колкото нейните сестри

As the days passed she loved the prince more dearly
С течение на дните тя обичаше принца все повече
and he loved her as one would love a little child
и той я обичаше, както човек обича малко дете
The thought never came to him to make her his wife
Никога не му идваше на ум да я направи своя жена
but, unless he married her, her wish would never come true
но ако не се ожени за нея, желанието й никога няма да се сбъдне
unless he married her she could not receive an immortal soul
освен ако не се ожени за нея, тя не може да получи безсмъртна душа
and if he married another her dreams would shatter
и ако той се ожени за друга, мечтите й ще се разбият
on the morning after his marriage she would dissolve
на сутринта след брака му тя щеше да се разпусне
and the little mermaid would become the foam of the sea
и малката русалка ще се превърне в морска пяна

the prince took the little mermaid in his arms
принцът взе малката русалка в ръцете си
and he kissed her on her forehead
и той я целуна по челото
with her eyes she tried to ask him
с очи се опита да го попита тя
"Do you not love me the most of them all?"
— Не ме ли обичаш най-много от всички?
"Yes, you are dear to me," said the prince
— Да, скъп си ми — каза принцът
"because you have the best heart"
"защото имаш най-доброто сърце"
"and you are the most devoted to me"
"и ти си най-отдаденият на мен"
"You are like a young maiden whom I once saw"
"Ти си като млада девойка, която веднъж видях"
"but I shall never meet this young maiden again"

"но никога повече няма да срещна тази млада девойка"
"I was in a ship that was wrecked"
„Бях в кораб, който претърпя корабокрушение"
"and the waves cast me ashore near a holy temple"
"и вълните ме изхвърлиха на брега близо до свят храм"
"at the temple several young maidens performed the service"
"в храма няколко млади моми отслужиха службата"
"The youngest maiden found me on the shore"
"Най-младата девойка ме намери на брега"
"and the youngest of the maidens saved my life"
"и най-младата от момите ми спаси живота"
"I saw her but twice," he explained
— Видях я два пъти — обясни той
"and she is the only one in the world whom I could love"
"и тя е единствената в света, която мога да обичам"
"But you are like her," he reassured the little mermaid
— Но ти си като нея — успокои той малката русалка
"and you have almost driven her image from my mind"
"и ти почти прогони нейния образ от съзнанието ми"
"She belongs to the holy temple"
"Тя принадлежи на светия храм"
"good fortune has sent you instead of her to me"
"късметът те изпрати вместо нея при мен"
"We will never part," he comforted the little mermaid
„Ние никога няма да се разделим", утеши той малката русалка

but the little mermaid could not help but sigh
но малката русалка не можеше да не въздъхне
"he knows not that it was I who saved his life"
"той не знае, че аз съм този, който му спасих живота"
"I carried him over the sea to where the temple stands"
„Пренесох го през морето до мястото, където стои храмът"
"I sat beneath the foam till the human came to help him"
"Седях под пяната, докато човекът не дойде да му помогне"

"I saw the pretty maiden that he loves"
"Видях хубавата девойка, която той обича"
"the pretty maiden that he loves more than me"
"хубавата девойка, която той обича повече от мен"
The mermaid sighed deeply, but she could not weep
Русалката въздъхна дълбоко, но не можа да заплаче
"He says the maiden belongs to the holy temple"
"Той казва, че девойката принадлежи на светия храм"
"therefore she will never return to the world"
"затова тя никога няма да се върне в света"
"they will meet no more," the little mermaid hoped
"те няма да се срещат повече", надяваше се малката русалка
"I am by his side and see him every day"
"Аз съм до него и го виждам всеки ден"
"I will take care of him, and love him"
„Ще се грижа за него и ще го обичам"
"and I will give up my life for his sake"
"и ще дам живота си заради него"

The Day of the Wedding
Денят на сватбата

Very soon it was said that the prince was going to marry
Много скоро се каза, че принцът ще се жени
there was the beautiful daughter of a neighbouring king
имаше красивата дъщеря на съседен крал
it was said that she would be his wife
беше казано, че тя ще бъде негова съпруга
for the occasion a fine ship was being fitted out
за случая беше оборудван хубав кораб
the prince said he intended only to visit the king
принцът каза, че възнамерява само да посети краля
they thought he was only going so as to meet the princess
те мислеха, че отива само да се срещне с принцесата
The little mermaid smiled and shook her head
Малката русалка се усмихна и поклати глава
She knew the prince's thoughts better than the others
Тя познаваше мислите на принца по-добре от останалите

"I must travel," he had said to her
„Трябва да пътувам", беше й казал той
"I must see this beautiful princess"
"Трябва да видя тази красива принцеса"
"My parents want me to go and see her"
"Родителите ми искат да отида да я видя"
"but they will not oblige me to bring her home as my bride"
"но те няма да ме задължат да я доведа у дома като моя булка"
"you know that I cannot love her"
"знаеш, че не мога да я обичам"
"because she is not like the beautiful maiden in the temple"
"защото тя не е като красивата девойка в храма"
"the beautiful maiden whom you resemble"
"красивата девойка, на която приличаш"
"If I were forced to choose a bride, I would choose you"

"Ако бях принуден да избирам булка, щях да избера теб"
"my deaf foundling, with those expressive eyes"
"моето глухо заварено дете, с тези изразителни очи"
Then he kissed her rosy mouth
После целуна розовата й уста
and he played with her long, waving hair
и той си играеше с дългата й, развяваща се коса
and he laid his head on her heart
и той положи главата си върху сърцето й
she dreamed of human happiness and an immortal soul
тя мечтаеше за човешко щастие и безсмъртна душа

they stood on the deck of the noble ship
те стояха на палубата на благородния кораб
"You are not afraid of the sea, are you?" he said
— Не те е страх от морето, нали? каза той
the ship was to carry them to the neighbouring country
корабът трябваше да ги превози до съседната държава
Then he told her of storms and of calms
Тогава той й разказа за бури и за тишини
he told her of strange fishes deep beneath the water
той й разказа за странни риби дълбоко под водата
and he told her of what the divers had seen there
и той й разказа какво са видели водолазите там
She smiled at his descriptions, slightly amused
Тя се усмихна на описанията му, леко развеселена
she knew better what wonders were at the bottom of the sea
тя знаеше по-добре какви чудеса има на дъното на морето

the little mermaid sat on the deck at moonlight
малката русалка седеше на палубата на лунна светлина
all on board were asleep, except the man at the helm
всички на борда спяха, с изключение на човека на кормилото
and she gazed down through the clear water
и тя погледна надолу през чистата вода

She thought she could distinguish her father's castle
Мислеше, че може да различи замъка на баща си
and in the castle she could see her aged grandmother
а в замъка можеше да види възрастната си баба
Then her sisters came out of the waves
Тогава сестрите й излязоха от вълните
and they gazed at their sister mournfully
и те гледаха тъжно сестра си
She beckoned to her sisters, and smiled
Тя направи знак на сестрите си и се усмихна
she wanted to tell them how happy and well off she was
искаше да им каже колко е щастлива и заможна
But the cabin boy approached and her sisters dived down
Но момчето от кабината се приближи и сестрите й се гмурнаха
he thought what he saw was the foam of the sea
той помисли, че това, което вижда, е морската пяна

The next morning the ship got into the harbour
На следващата сутрин корабът влезе в пристанището
they had arrived in a beautiful coastal town
бяха пристигнали в красив крайбрежен град
on their arrival they were greeted by church bells
при пристигането им те бяха посрещнати от църковни камбани
and from the high towers sounded a flourish of trumpets
и от високите кули се разнасяха звуци на тръби
soldiers lined the roads through which they passed
войници се наредиха по пътищата, през които минаваха
Soldiers, with flying colors and glittering bayonets
Войници с отличителни знаци и блестящи щикове
Every day that they were there there was a festival
Всеки ден, когато бяха там, имаше фестивал
balls and entertainments were organised for the event
за събитието бяха организирани балове и забавления
But the princess had not yet made her appearance

Но принцесата още не се беше появила
she had been brought up and educated in a religious house
тя е била отгледана и образована в религиозен дом
she was learning every royal virtue of a princess
тя учеше всяка кралска добродетел на една принцеса

At last, the princess made her royal appearance
Най-после принцесата се появи като кралска
The little mermaid was anxious to see her
Малката русалка нямаше търпение да я види
she had to know whether she really was beautiful
трябваше да знае дали наистина е красива
and she was obliged to admit she really was beautiful
и тя беше длъжна да признае, че наистина е красива
she had never seen a more perfect vision of beauty
никога не беше виждала по-съвършена визия за красота
Her skin was delicately fair
Кожата й беше деликатно светла
and her laughing blue eyes shone with truth and purity
и нейните смеещи се сини очи блестяха с истина и чистота
"It was you," said the prince
— Ти беше — каза принцът
"you saved my life when I lay as if dead on the beach"
"ти ми спаси живота, когато лежах като мъртъв на плажа"
"and he held his blushing bride in his arms"
"и той държеше зачервената си булка в ръцете си"

"Oh, I am too happy!" said he to the little mermaid
"О, много съм щастлив!" - каза той на малката русалка
"my fondest hopes are now fulfilled"
"най-съкровените ми надежди вече са изпълнени"
"You will rejoice at my happiness"
„Ще се зарадваш на моето щастие"
"because your devotion to me is great and sincere"
"защото твоята преданост към мен е голяма и искрена"
The little mermaid kissed the prince's hand

Малката русалка целуна ръката на принца
and she felt as if her heart were already broken
и тя се чувстваше така, сякаш сърцето й вече беше разбито
the morning of his wedding was going to bring death to her
сутринта на сватбата му щеше да й донесе смърт
she knew she was to become the foam of the sea
тя знаеше, че ще стане морска пяна

the sound of the church bells rang through the town
звънът на църковните камбани огласи града
the heralds rode through the town proclaiming the betrothal
глашатаите яздиха през града, за да прогласят годежа
Perfumed oil was burned in silver lamps on every altar
На всеки олтар в сребърни светилници се изгаряше благовонно масло
The priests waved the censers over the couple
Свещениците размахаха кадилниците над двойката
and the bride and the bridegroom joined their hands
и булката и младоженецът се хванаха за ръце
and they received the blessing of the bishop
и те получиха благословението на епископа
The little mermaid was dressed in silk and gold
Малката русалка беше облечена в коприна и злато
she held up the bride's dress, in great pain
тя вдигна роклята на булката, изпитвайки силна болка
but her ears heard nothing of the festive music
но ушите й не чуха нищо от празничната музика
and her eyes saw not the holy ceremony
и очите й не виждаха святата церемония
She thought of the night of death coming to her
Мислеше си за нощта на смъртта, която я очакваше
and she mourned for all she had lost in the world
и тя скърбеше за всичко, което бе загубила в света

that evening the bride and bridegroom boarded the ship
тази вечер булката и младоженецът се качиха на кораба

the ship's cannons were roaring to celebrate the event
корабните оръдия ревяха, за да отпразнуват събитието
and all the flags of the kingdom were waving
и всички знамена на кралството се развяваха
in the centre of the ship a tent had been erected
в центъра на кораба беше издигната палатка
in the tent were the sleeping couches for the newlyweds
в шатрата бяха диваните за спане на младоженците
the winds were favourable for navigating the calm sea
ветровете бяха благоприятни за плаване в спокойно море
and the ship glided as smoothly as the birds of the sky
и корабът се плъзгаше гладко като небесните птици

When it grew dark, a number of colored lamps were lighted
Когато се стъмни, бяха запалени няколко цветни лампи
the sailors and royal family danced merrily on the deck
моряците и кралското семейство танцуваха весело на палубата
The little mermaid could not help thinking of her birthday
Малката русалка не можеше да не мисли за рождения си ден
the day that she rose out of the sea for the first time
денят, в който тя излезе от морето за първи път
similar joyful festivities were celebrated on that day
подобни радостни празници се празнуваха на този ден
she thought about the wonder and hope she felt that day
тя си помисли за чудото и надеждата, които изпита този ден
with those pleasant memories, she too joined in the dance
с тези приятни спомени и тя се хвана на хорото
on her paining feet, she poised herself in the air
на болезнените си крака, тя се изправи във въздуха
the way a swallow poises itself when in pursued of prey
начинът, по който лястовичката се изправя, когато е преследвана от плячка
the sailors and the servants cheered her wonderingly

моряците и слугите я приветстваха учудено
She had never danced so gracefully before
Никога досега не беше танцувала толкова грациозно
Her tender feet felt as if cut with sharp knives
Чувстваше нежните й крака като нарязани с остри ножове
but she cared little for the pain of her feet
но тя не се интересуваше много от болката в краката си
there was a much sharper pain piercing her heart
имаше много по-остра болка, пронизваща сърцето й

She knew this was the last evening she would ever see him
Знаеше, че това е последната вечер, в която ще го види
the prince for whom she had forsaken her kindred and home
принцът, заради когото бе изоставила своя род и дом
She had given up her beautiful voice for him
Беше се отказала от красивия си глас заради него
and every day she had suffered unheard-of pain for him
и всеки ден бе търпяла нечувана болка за него
she suffered all this, while he knew nothing of her pain
тя изстрада всичко това, докато той не знаеше нищо за нейната болка
it was the last evening she would breath the same air as him
това беше последната вечер, в която тя дишаше същия въздух като него
it was the last evening she would gaze on the same starry sky
това беше последната вечер, в която тя щеше да гледа същото звездно небе
it was the last evening she would gaze into the deep sea
беше последната вечер, в която тя щеше да се вгледа в дълбокото море
it was the last evening she would gaze into the eternal night
беше последната вечер, в която тя щеше да се взира във вечната нощ
an eternal night without thoughts or dreams awaited her
чакаше я вечна нощ без мисли и сънища

She was born without a soul, and now she could never win one
Тя се роди без душа и сега никога не би могла да спечели такава

All was joy and gaiety on the ship until long after midnight
Всичко беше радост и веселие на кораба до дълго след полунощ
She smiled and danced with the others on the royal ship
Тя се усмихна и танцува с останалите на кралския кораб
but she danced while the thought of death was in her heart
но тя танцуваше, докато мисълта за смъртта беше в сърцето й
she had to watch the prince dance with the princess
тя трябваше да гледа как принцът танцува с принцесата
she had to watch when the prince kissed his beautiful bride
тя трябваше да гледа, когато принцът целуна красивата си булка
she had to watch her play with the prince's raven hair
тя трябваше да я гледа как си играе с гарвановата коса на принца
and she had to watch them enter the tent, arm in arm
и тя трябваше да ги гледа как влизат в палатката, ръка за ръка

After the Wedding
След Сватбата

After they had gone all became still on board the ship
След като си отидоха, всички останаха неподвижни на борда на кораба
only the pilot, who stood at the helm, was still awake
само пилотът, който стоеше на кормилото, беше още буден
The little mermaid leaned on the edge of the vessel
Малката русалка се облегна на ръба на съда
she looked towards the east for the first blush of morning
тя погледна на изток за първата руменина на сутринта
the first ray of the dawn, which was to be her death
първият лъч на зората, който трябваше да бъде нейната смърт
from far away she saw her sisters rising out of the sea
отдалеч тя видя сестрите си да излизат от морето
They were as pale with fear as she was
Бяха бледи от страх като нея
but their beautiful hair no longer waved in the wind
но красивите им коси вече не се развяваха на вятъра
"We have given our hair to the witch," said they
„Дадохме косата си на вещицата", казаха те
"so that you do not have to die tonight"
"за да не се налага да умираш тази нощ"
"for our hair we have obtained this knife"
"за нашата коса получихме този нож"
"Before the sun rises you must use this knife"
"Преди да изгрее слънцето, трябва да използваш този нож"
"you must plunge the knife into the heart of the prince"
"трябва да забиеш ножа в сърцето на принца"
"the warm blood of the prince must fall upon your feet"
"топлата кръв на принца трябва да падне върху краката ви"

"and then your feet will grow together again"
"и тогава краката ви ще растат отново"
"where you have legs you will have a fish's tail again"
"където имаш крака, пак ще имаш рибешка опашка"
"and where you were human you will once more be a mermaid"
"и там, където си била човек, отново ще бъдеш русалка"
"then you can return to live with us, under the sea"
"тогава можеш да се върнеш да живееш с нас, под морето"
"and you will be given your three hundred years of a mermaid"
"и ще ти бъдат дадени триста години русалка"
"and only then will you be changed into the salty sea foam"
"и едва тогава ще се превърнеш в солената морска пяна"
"Haste, then; either he or you must die before sunrise"
„Тогава побързайте; или той, или вие трябва да умрете преди изгрев слънце"
"our old grandmother mourns for you day and night"
"нашата стара баба тъгува за теб ден и нощ"
"her white hair is falling out"
"бялата й коса пада"
"just as our hair fell under the witch's scissors"
"точно както косата ни падна под ножицата на вещицата"
"Kill the prince, and come back," they begged her
„Убий принца и се върни", молели я те
"Do you not see the first red streaks in the sky?"
— Не виждаш ли първите червени ивици в небето?
"In a few minutes the sun will rise, and you will die"
„След няколко минути слънцето ще изгрее и ти ще умреш"
having done their best, her sisters sighed deeply
след като направиха всичко възможно, сестрите й въздъхнаха дълбоко
mournfully her sisters sank back beneath the waves
тъжно сестрите й потънаха обратно под вълните
and the little mermaid was left with the knife in her hands

и малката русалка остана с ножа в ръцете си

she drew back the crimson curtain of the tent
тя дръпна тъмночервената завеса на шатрата
and in the tent she saw the beautiful bride
и в шатрата тя видя красивата булка
her face was resting on the prince's breast
лицето й беше отпуснато върху гърдите на принца
and then the little mermaid looked at the sky
и тогава малката русалка погледна към небето
on the horizon the rosy dawn grew brighter and brighter
на хоризонта розовата зора светеше все повече и повече
She glanced at the sharp knife in her hands
Тя погледна към острия нож в ръцете си
and again she fixed her eyes on the prince
и тя отново впери очи в принца
She bent down and kissed his noble brow
Тя се наведе и целуна благородното му чело
he whispered the name of his bride in his dreams
той прошепна името на булката си в сънищата си
he was dreaming of the princess he had married
той мечтаеше за принцесата, за която се беше оженил
the knife trembled in the hand of the little mermaid
ножът трепереше в ръката на малката русалка
but she flung the knife far into the sea
но тя хвърли ножа далеч в морето

where the knife fell the water turned red
където падна ножът, водата стана червена
the drops that spurted up looked like blood
капките, които бликнаха, изглеждаха като кръв
She cast one last look upon the prince she loved
Тя хвърли последен поглед към принца, когото обичаше
the sun pierced the sky with its golden arrows
слънцето прониза небето със златните си стрели
and she threw herself from the ship into the sea

и тя се хвърли от кораба в морето
the little mermaid felt her body dissolving into foam
малката русалка усети как тялото й се разтваря в пяна
and all that rose to the surface were bubbles of air
и всичко, което се издигаше на повърхността, бяха мехурчета въздух
the sun's warm rays fell upon the cold foam
топлите слънчеви лъчи падаха върху студената пяна
but she did not feel as if she were dying
но тя не се чувстваше сякаш умира
in a strange way she felt the warmth of the bright sun
по странен начин усети топлината на яркото слънце
she saw hundreds of beautiful transparent creatures
тя видя стотици красиви прозрачни същества
the creatures were floating all around her
създанията се рееха навсякъде около нея
through the creatures she could see the white sails of the ships
през съществата тя можеше да види белите платна на корабите
and between the sails of the ships she saw the red clouds in the sky
и между платната на корабите тя видя червените облаци в небето
Their speech was melodious and childlike
Речта им беше мелодична и детска
but their speech could not be heard by mortal ears
но речта им не можеше да бъде чута от смъртните уши
nor could their bodies be seen by mortal eyes
нито телата им можеха да се видят от очите на смъртните
The little mermaid perceived that she was like them
Малката русалка разбра, че е като тях
and she felt that she was rising higher and higher
и тя почувства, че се издига все по-високо и по-високо
"Where am I?" asked she, and her voice sounded ethereal
"Къде съм?" — попита тя и гласът й прозвуча ефирно

there is no earthly music that could imitate her
няма земна музика, която да я имитира
"you are among the daughters of the air," answered one of them
"ти си между дъщерите на въздуха", отговори една от тях
"A mermaid has not an immortal soul"
"Русалката няма безсмъртна душа"
"nor can mermaids obtain immortal souls"
"нито пък русалките могат да получат безсмъртни души"
"unless she wins the love of a human being"
"освен ако не спечели любовта на човешко същество"
"on the will of another hangs her eternal destiny"
"върху волята на друг зависи нейната вечна съдба"
"like you, we do not have immortal souls either"
"и ние като теб нямаме безсмъртни души"
"but we can obtain an immortal soul by our deeds"
"но ние можем да получим безсмъртна душа чрез нашите дела"
"We fly to warm countries and cool the sultry air"
"Ние летим в топли страни и охлаждаме знойния въздух"
"the heat that destroys mankind with pestilence"
"горещината, която унищожава човечеството с мор"
"We carry the perfume of the flowers"
"Ние носим аромата на цветята"
"and we spread health and restoration"
"и разпространяваме здраве и възстановяване"

"for three hundred years we travel the world like this"
"от триста години пътуваме по света така"
"in that time we strive to do all the good in our power"
"в това време ние се стремим да направим всичко добро по силите си"
"if we succeed we receive an immortal soul"
"ако успеем, получаваме безсмъртна душа"
"and then we too take part in the happiness of mankind"
"и тогава ние също участваме в щастието на човечеството"

"You, poor little mermaid, have done your best"
"Ти, горката малка русалка, направи всичко възможно"
"you have tried with your whole heart to do as we are doing"
"ти се опита с цялото си сърце да направиш това, което правим ние"
"You have suffered and endured an enormous pain"
„Вие сте страдали и сте изтърпели огромна болка"
"by your good deeds you raised yourself to the spirit world"
"с вашите добри дела вие се издигнахте до духовния свят"
"and now you will live alongside us for three hundred years"
"и сега ще живееш до нас триста години"
"by striving like us, you may obtain an immortal soul"
"като се стремите като нас, можете да получите безсмъртна душа"
The little mermaid lifted her glorified eyes toward the sun
Малката русалка вдигна прославените си очи към слънцето
for the first time, she felt her eyes filling with tears
за първи път усети как очите й се пълнят със сълзи

On the ship she had left there was life and noise
На кораба, който бе оставила, имаше живот и шум
she saw the prince and his beautiful bride searching for her
тя видя принца и красивата му булка да я търсят
Sorrowfully, they gazed at the pearly foam
Със скръб гледаха перлената пяна
it was as if they knew she had thrown herself into the waves
сякаш знаеха, че се е хвърлила във вълните
Unseen, she kissed the forehead of the bride
Невидима, тя целуна челото на булката
and then she rose with the other children of the air
и тогава тя се издигна с другите деца на въздуха
together they went to a rosy cloud that floated above
заедно те отидоха до розовия облак, който се носеше отгоре

"After three hundred years," one of them started explaining
— След триста години — започна да обяснява един от тях
"then we shall float into the kingdom of heaven," said she
"тогава ще се понесем в небесното царство", каза тя
"And we may even get there sooner," whispered a companion
„А може дори да стигнем по-рано", прошепна спътник
"Unseen we can enter the houses where there are children"
„Невидими можем да влизаме в къщите, където има деца"
"in some of the houses we find good children"
"в някои от къщите намираме добри деца"
"these children are the joy of their parents"
"тези деца са радостта на своите родители"
"and these children deserve the love of their parents"
"и тези деца заслужават любовта на родителите си"
"such children shorten the time of our probation"
"такива деца съкращават времето на нашия изпитателен срок"
"The child does not know when we fly through the room"
„Детето не знае, когато летим през стаята"
"and they don't know that we smile with joy at their good conduct"
"и те не знаят, че ние се усмихваме от радост на доброто им поведение"
"because then our judgement comes one day sooner"
"защото тогава нашата присъда идва един ден по-рано"
"But we see naughty and wicked children too"
„Но виждаме и палави и зли деца"
"when we see such children we shed tears of sorrow"
"когато видим такива деца, проливаме сълзи от мъка"
"and for every tear we shed a day is added to our time"
"и за всяка сълза, която пролеем ден, се добавя към нашето време"

www.tranzlaty.com

www.ingramcontent.com/pod-product-compliance
Lightning Source LLC
Chambersburg PA
CBHW012007090526
44590CB00026B/3916